Familie Lenzner
Birkenring 24
38120 Braunschweig

Zauberlehrling

Richtig schreiben

3

Erarbeitet und herausgegeben
von Ute Steinleitner
Illustriert von Heidrun Boddin

W0217074

Diesterweg

Inhalt

Vorhang auf!

Das bedeuten diese Zeichen:

Sprich die Wörter ganz deutlich.

Schreibe die Aufgabe in dein Heft.

Die Wörter bei diesem Zeichen haben eine Aufpass-Stelle, die du besonders üben musst. Suche sie in der Liste auf den Seiten 70 – 74 und markiere die Aufpass-Stelle.

Halte dich an Amandas fünf Aufschreibregeln von Seite 6.

Zeige, was du gelernt hast.

ABC

1 Ordne die Tiernamen nach dem ABC.

Floh · Bär · Esel · Gans · Lachs · Iltis · Kobra · Chamäleon · Marder
Nilpferd · Huhn · Star · Ochse · Qualle · Tiger · Uhu · Dachs · Vogel
Wal · Affe · Zebra · Jaguar · Pinguin · Ratte

2 Schlage die Lösungen in der Wörterliste nach.

Hilfe, um besser zu sehen.	Tag nach dem Samstag.	Jahreszeit, in der die großen Ferien sind.	Gemüse, bei dem man weint.
Man braucht ihn um aufzusperren.	Man sperrt Vögel darin ein.	Er folgt dem Blitz.	Sitzgelegenheit mit Lehne
5. Monat im Jahr	Gegenteil von Lärm	Man liest sie am Morgen.	Viele, viele Häuser

1 Markiere den zweiten Buchstaben farbig. Ordne dann jede Reihe nach dem ABC.

Fehler Fabrik fleißig Fichte Fuchs frieren

Bus Bild blühen biegen Boot Brief

2 Suche die Nachbarwörter aus der Wörterliste.

Bild	März	packen	Zeitung

3 Nummeriere die Wörter nach ihrer Reihenfolge im ABC. Markiere den Buchstaben farbig, der beim Ordnen hilft. Schreibe die Wörter dann in der richtigen Reihenfolge auf.

◯ Bart	◯ Fleiß	◯ Krieg	◯ vergessen
◯ Bahn	◯ Fliege	◯ kratzen	◯ verpacken
◯ backen	◯ Flasche	◯ Kröte	◯ verschmutzen
◯ basteln	◯ Fluss	◯ Kreuzung	◯ verlieren
◯ bald	◯ Floh	◯ Krug	◯ verbieten

1 Arbeite mit diesen Wörtern nach Schritt 1 und 2. Markiere Aufpass-Stellen farbig.

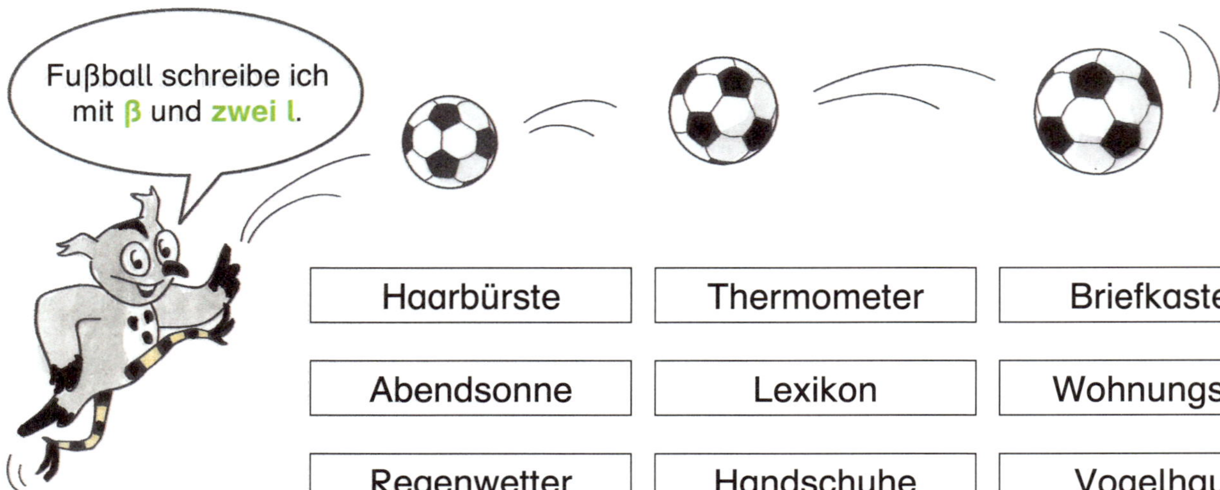

	Haarbürste	Thermometer	Briefkasten
	Abendsonne	Lexikon	Wohnungstür
	Regenwetter	Handschuhe	Vogelhaus
Fußball	Nachmittag	Stofftier	Marienkäfer
Papierkorb	Schneefall	Spielzeug	Schmetterling

2 Arbeite mit den Wörtern von Aufgabe 1, wie Amanda es dir von 3 – 5 erklärt hat.

3 Arbeite mit den Wörtern wie bei Aufgabe 1.

November	Sommertag	Frühling	Verkehr
Herbstwetter	Junikäfer	Schmetterling	Autofahrer
Apfelbäume	Blumenwiese	Gänseblümchen	Haltestelle
Weihnachten	Löwenzahn	Sonnenschein	Kreuzung

4 Arbeite mit den Wörtern von Aufgabe 3 nach der Anweisung 3 – 5.

1 Arbeite mit diesem Text so, wie du es gelernt hast.
Decke beim Aufschreiben den jeweiligen Sinnschritt ab.

Ein neues Schuljahr

Jetzt sind wir schon

in der dritten Klasse.

Unsere Lehrerin teilt

den Zauberlehrling aus.

Fridolin verrät uns

seine vielen Tricks.

So lernen wir,

richtig zu schreiben.

2 Übe mit diesem Text das richtige Aufschreiben.

Im Herbst

Im Monat September | beginnt der Herbst. | Die Sonne steigt |
nicht mehr so hoch. | Die Tage werden kürzer. | Viele Vögel fliegen |
jetzt in den Süden. | Im Garten wird | das Gemüse geerntet. |
Der Herbst | schenkt uns | Äpfel und Birnen, | Kastanien und Nüsse. |

3 Kannst du es? Seite 66 Aufgabe 1

Mitsprechwörter

1 Sprich die Wörter zu den Bildern deutlich und schreibe sie dann auf.

2 Unterstreiche die Wörter grün, die man genauso schreibt, wie man sie spricht.

Aufgabe	Kind	antworten	hundert	Mann	tragen	Kuh
Hexe	Stift	Winter	Sommer	wünschen	sagt	Krankheit
fahren	beobachten	Geburt	erlauben	Jahr	Januar	Fuß
Hund	danken	Kinder	nehmen	Fenster	Vater	Beruf

3 Schreibe die grün unterstrichenen Mitsprechwörter auf.

4 Obst und Gemüse! Schreibe diese Mitsprechwörter auf.

1 Sprich die Wörter ganz deutlich und schreibe sie mit Silbenbögen auf.

Apfelbaum

2 In diesem Text haben sich verschiedene Wörter versteckt, die keine Mitsprechwörter sind. Unterstreiche sie und mache dann mit dem Text ein Aufschreibtraining.

Im Zirkus

Artisten tanzen | auf einem Seil | unter dem Zirkuszelt. | Löwen und Leoparden | laufen in die Manege. | Sie legen sich | auf den Boden und schlafen. | Die Zuschauer klatschen. | Auf einem Elefanten | reitet ein kleiner Schimpanse. | Der Clown macht lustige Späße. | Die Kinder lachen. | Akrobaten reiten | auf schwarzen Pferden | im Kreis | und machen Saltos. | Die Besucher | klatschen begeistert | zur Musik. |

3 Ordne diese Mitsprechwörter nach dem ABC.

Meter · pflanzen · Ferien · Gesicht · Wochentage · Muschel
zeichnen · Pilze · eigentlich · Badehose · Blumentopf · Wörterbuch
Bücherei · Paket · Körperteil · reisen · Sekunde

Wiederholung Nachdenkwörter

1 Ordne die folgenden Wörter in die richtige Spalte ein. Markiere die Aufpass-Stelle gelb.

Stange · Abend · Weg · Spagetti · quaken · Bild · Sportler · stark
Quadrat · legt · fremd · Freitag · stehen · sparen · bequem

Ich höre *SCHT* und schreibe st/St	Ich höre *SCHP* und schreibe sp/Sp.	Ich höre *KW* und schreibe qu/Qu.	Ich höre *t* und schreibe d: Kind – Kin der	Ich höre *k* und schreibe g: Tag – Ta ge

2 Welches Wort mit **a** oder **au** steckt in den Wörtern. Schreibe es dahinter.

Bälle		fällt		Bäuche	
Blätter		fährt		Kräuter	
Nächte		wäscht		Bäume	
Zähne		schlägt		Sträucher	
Plätze		hält		Häuser	
Sätze		schläft		läuft	

3 Suche die Wörter in der Liste (Seite 70 – 74) und markiere die Aufpass-Stellen.
Abend, bequem, Quadrat, quaken, wäscht

Wiederholung Merkwörter

1 Ordne die folgenden Wörter in die richtige Spalte ein. Markiere die Aufpass-Stelle rot.

bezahlen · groß · Tee · Baby · Vater · heiß · Computer · Jahr
November · zehn · Schnee · weiß · Pommes · vier · Haare

Vorsicht! Aufpass-Stelle stummes h	Vorsicht! Aufpass-Stelle aa, ee, oo	Vorsicht! Aufpass-Stelle ß	Vorsicht! Aufpass-Stelle v/V	Vorsicht! Wörter aus anderen Sprachen
bezahlen				

2 Schreibe die Wörter zu den Bildern auf.
Kontrolliere mithilfe der Wörterliste. Hake ab und markiere die Aufpass-Stelle rot.

3 Baby, bezahlen, Computer, groß, Mädchen, November, Uhr Zahn

4 Kannst du es? Seite 66 Aufgabe 2

Silben

1 Es gibt Wörter mit einer, mit zwei und mit mehr Silben. Ordne in die richtige Spalte ein.

Obst · nehmen
September · Mai
Donnerstag
bisschen
sehen · sechs
März · Temperatur
Thermometer
Frühling
Brief · Lexikon
blühen

eine Silbe	zwei Silben	mehr als zwei Silben

2 Schreibe die Wörter von Aufgabe 1 auf und setze die Silbenbögen darunter: Obst, nehmen,

3 Setze die Silben für die abgebildeten Tiere zusammen.

BE · DI · DIL · DAR · DRO · ER · FISCH · GEN · GU · GU · IN
KÄN · KO · KRO · LING · ME · NO · PIN · RA · RE · RI
RU · SAU · SCHMET · TEN · TER · TIN · WURM

4 bisschen, blühen, Lexikon, Mai, März, Thermometer

1 Sprich die Wörter langsam und deutlich und zeichne auf deinem Tisch die Silbenbögen mit.

Hit ze · Spie gel · fer tig · bo xen · Rit ter · Han dy · Zei tung · durs tig
är gern · Eu ro pa · Ver schmut zung · Ge schäf te · drau ßen

2 Trenne die Wörter von Aufgabe 1 in Silben.

Hit - ze,

3 Setze die Silbenbögen unter die **Sprechsilben** der Wörter. Schreibe sie anschließend in **Schreibsilben** getrennt auf.

A ben de · I gel · U hu · ü ben · Ra di o · A mei se · E le fant · A ben teu er
A me ri ka · o ben · Ü ber ra schung · O fen · A na nas

Aben - de

4 Sprich die Wörter und schreibe sie **getrennt** auf.

zurück · träumen · überqueren · Käfig · Afrika · spazieren · vollständig
Abendstern · hängen · fleißig · fernsehen · beißen · schrecklich
Miete · blitzen · Deutschland · Zeugnis · oder · überlegen

Namenwörter

1 Ordne die Wörter in die richtige Spalte ein.

Hund · Mädchen · Kiefer · Kompass · Fuchs · Bäcker · Vase · Fichte
Clown · Tanne · Katze · Arzt · Taxi · Reh · Ahorn · Moos · Maschine
Lehrer · Eule · Läufer · Kastanie · Magnet · Kuh · Baby · Fernseher
Klee · Block · Pferd · Junge · Boot · Käfer · Strauch

2 Hund, Kiefer, Kuh

1 Suche aus deiner Wörterliste unter m/M jeweils vier Namenwörter heraus.

der/ein	die/eine	das/ein

2 Der bestimmte Begleiter in der Mehrzahl ist immer die.
Setze die Namenwörter in die Einzahl und ordne sie dann richtig ein.

die Lehrerinnen · die Zeugnisse · die Ecken · die Stühle · die Mäppchen
die Füller · die Hausmeister · die Klassenzimmer · die Bleistifte · die Nummern
die Lieder · die Hausaufgaben · die Räume · die Rätsel · die Süßigkeiten

der	die	das
	Lehrerin	

3 Nummer, Rätsel, Zeugnis

Namenwörter

1 Ordne die Namenwörter richtig ein. Achte auf die Aufpass-Stellen.

Wut · Brücke · Spaß · Pilz · Durst · Freude · Laub · Freiheit · Beruf
Hunger · Schmerz · Messer · Hitze · Stiel · Radio · Lehrer · Lied · Spiegel

 **konkrete Namenwörter** 	 **abstrakte Namenwörter** 
Brücke	Wut

2 Unterstreiche die Namenwörter und schreibe sie mit ihrem Begleiter auf.

plötzlich · wählen · wahl · lärm · zukunft · süß · vorsicht · brav · außen · gott
glück · aufwecken · grüßen · angst · gruß · voll · krieg · ruhe · jung · freude

3 Gott, grüßen, Laub, Spaß, Spiegel

1. Schreibe zur Einzahl die Mehrzahl und zur Mehrzahl die Einzahl dazu.

Länder · Schuh · Wald · Stoff · Städte · Räume · Blitz · Burg

Länder – Land

2. Unterstreiche im Text die Namenwörter und schreibe sie dann richtig mit Begleiter auf.

Der wichtigste helfer im haushalt

Ohne elektrischen strom könnten wir uns unser leben nicht mehr vorstellen. Viele maschinen erleichtern uns mit ihrer hilfe die arbeit: Die spülmaschine spült das geschirr, die waschmaschine wäscht die wäsche und die bohrmaschine bohrt ein loch in die wand. Die warme luft des föhns trocknet die haare.

3. Kannst du es? Seite 66 Aufgabe 3

Tuwörter

1 Schreibe das passende Tuwort zum Bild. Die Wörterliste hilft dir.

f ______ s ______ e ______ f ______

s ______ b ______ g ______ k ______

2 Schreibe zu den Bildern von Aufgabe 1 Sätze.

3 Male die Tuwörter, die das Gegenteil ausdrücken, jeweils in der gleichen Farbe an.

beginnen	schweigen	öffnen	verbieten	gehen	schließen
erlauben	stehen	frieren	beenden	sprechen	schwitzen

4 Präge dir immer ein Wortpaar von Aufgabe 3 ein.
Schreibe es dann auswendig auf.

5 essen – isst, gehen, öffnen

1 Schreibe die Tuwörter in den verschiedenen Formen.
Markiere den veränderten Laut gelb.

	ich	du	er, sie, es
wiegen	ich wiege	du wiegst	
üben			
legen			
erleben			
werden		!	!

2 Die Grundform hilft beim Richtigschreiben. Markiere das ä gelb.

waschen	Er wäscht.	fahren	
fangen		fallen	
halten		tragen	
schlafen		schlagen	

3 Setze ein passendes Tuwort ein und schreibe den Text auf.

Max ? mit dem Bus in die Schule. Der Bus ? vor der Grundschule. Der Unterricht ? um 8.00 Uhr an. Der Junge ? sein Mäppchen auf die Bank, ? seinen Zauberlehrling auf und ? die Wörter von Seite 19. Die Lehrerin ? die Fenster. In der Pause ? Max sein Salamibrot und einen Apfel. Zum Schluss ? er mit seinem Freund den Abfall weg.

4 Lass dir den Text einige Tage später diktieren.

Tuwörter

1 Schreibe die Tuwörter in der Gegenwartsform auf und kontrolliere mit der Wörterliste.

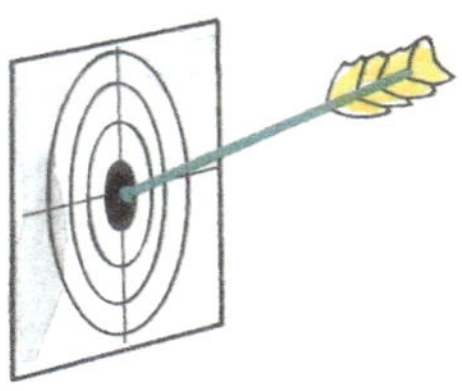

treffen

er

abnehmen

er

lesen

er

fressen

es

geben

sie

fernsehen

er

2 Schreibe Sätze zu den Bildern von Aufgabe 1 auf.

3 Auch diese Tuwörter verändern sich in der Grundform. Schreibe die Sätze auf.

Mutter messen Fieber Thermometer	Lisa werden Dezember zehn Jahre	Vater vergessen Schlüssel Büro	Niklas wissen Ergebnis Rechnung

4 fressen – frisst, nehmen – nimmt, sehen – sieht, wissen – weiß

1 Trainiere die Formen der Vergangenheit.

Markiere:	Schreibe auf:	Suche die Grundform aus der Wörterliste:	Decke Spalte 1 und 2 ab und bilde zur Grundform die 1. Vergangenheit:
begann			
biss			
floss			
fuhr			
fraß			
ließ			
gewann			
riss			
rannte			
wusste			

2 beißen – biss, essen – aß, fahren – fuhr, lassen – ließ, nehmen – nahm

3 Kannst du es? Seite 66 Aufgabe 4

Nachdenkwörter mit Auslautverhärtung

1 Umkreise die Bilder, bei denen du beim Verlängern ein **d** hörst.

2 Schreibe die umkreisten Wörter von Aufgabe 1 in der Einzahl und Mehrzahl auf. Markiere das **d** in der Einzahl gelb.

3 Verlängere und setze den richtigen Buchstaben ein: **d** oder **t**. Schreibe die Wörter auf.

Lan__ · Mu__ · frem__ · blin__ · spä__ · Bran__ · wil__ · Fel__ · gu__

Stran__ · tausen__ · hunder__ · Han__ · nieman__ · Schwer__ · Lie__

4 Setze die Wörter von Aufgabe 3 richtig ein und schreibe die Sätze auf.

Der **?** Mann fragt nach dem Weg. In vielen **?** spricht man Englisch.
Vater kommt heute **?** aus der Firma. Alle **?** Dinge sind drei.
Die Feuerwehr löschte diese Woche zwei **?**. Die Ritter kämpften mit ihren **?**.
Die **?** an der Nordsee sind sehr sauber. Der **?** Junge lernt die Blindenschrift.
Im Zoo sieht man viele **?** Tiere. **?** kamen zum Fußballspiel.

5 blind, Brand, Feld, Hand, Land, Lied, niemand, Strand, tausend, Wald, wild

Nachdenkwörter mit Auslautverhärtung

1 g oder k? Bilde zuerst die Mehrzahl, dann hörst du den richtigen Laut für die Einzahl.

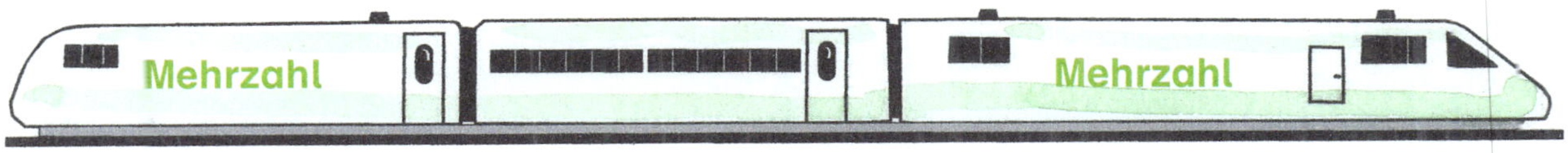

______	← Ausflu__	______	← Zu__
______	← We__	______	← Bur__
______	← Ban__	______	← Krie__
______	← Spielzeu__	______	← Schran__
______	← Ber__	______	← Fabri__
______	← Geschen__	______	← Käfi__

2 Vorsicht! Wir hören p und schreiben b.
Sprich die Wörter in der Mehrzahl, bevor du sie in der Einzahl mit Begleiter aufschreibst.

______ ______ ______ ______

3 Das b wird durch das Verlängern hörbar. Setze ein und schreibe auf.

gelb · halb · schrieb · trüb · Kalb · schob · trieb

Maria isst nur eine ? Pizza.
Das ? Kleid steht dir gut.
Die Enkel ? an ihre Oma einen Brief aus den Ferien.
Das ? Wasser am Strand kommt von den Algen.
Wir ? das Fahrrad den steilen Berg hinauf.
Die Kinder ? die ? auf die Wiese neben dem Bauernhof.

4 Dieb, Käfig, Krieg, schob, schrieb

5 Kannst du es? Seite 67 Aufgabe 5

Zusammengesetzte Namenwörter

1 Bilde aus den Wörtern zehn zusammengesetzte Namenwörter.

vier	Spiegel	Ohren	Sand	groß	Vogel	Wald	Feuer	fahren	wild
Vater	Brand	Ecke	Bild	Arzt	Schwein	Rad	Strand	Käfig	Wehr

2 Hier kannst du mit Tuwörtern neue Namenwörter zusammensetzen.

Denke daran: Zusammengesetzte Namenwörter schreiben wir immer groß.

sitzen / stehen / spielen → Platz

spülen / nähen / bohren → Maschine

schwimmen → Weste / Bad / Lehrer

Zusammengesetzte Namenwörter

1 Mit jedem Bild kann man zwei zusammengesetzte Namenwörter bilden. Schreibe sie auf.

grün bunt   hoch kühl   groß klein   weiß schwarz

Grünspecht,

2 Vom Vogelhaus zum Gabelstapler. Die Bilder geben dir immer das nächste Wort vor.

Vogelhaus → Haus →

→ → →

→

3 Vorsicht, Fugen-s! Manchmal braucht man zum Zusammensetzen ein s, damit man das Wort besser sprechen kann. Verbinde und schreibe auf. Markiere **ts** gelb.

Advent Geburt Weihnachten Inhalt Unterricht Gesicht

Tag Baum Kranz Creme Verzeichnis Beginn

Adventskranz,

4 Kannst du es? Seite 67 Aufgabe 6

Nachdenkwörter mit ä

1 Suche das verwandte Wort mit a und schreibe es auf. Markiere ä und a gelb.

Namenwort	Tuwort	Tuwort	Namenwort
der Bäcker	backen	färben	
die Fähre		wählen	
das Rätsel		zählen	
das Päckchen		hängen	
das Gewächs		kämmen	

2 Hier hilft uns die Einzahl weiter. Markiere ä und a gelb.

Bäder – ? · Städte – ? · Drähte – ? · Wälder – ? · Ärztin – ? · Nähte – ?

3 Verbinde die verwandten Wörter. Markiere ä und a gelb.
Präge dir anschließend immer ein Wortpaar ein und schreibe es auf.

Jäger •	• schaffen
Stängel •	• jagen
Geschäft •	• Stange
quälen •	• Angst
ängstlich •	• Qual

erklären •	• Gefahr
gefährlich •	• nach
ändern •	• klar
nächste •	• Kraft
kräftig •	• anders

4 Ärztin, ändern, Bäcker, Gewächs, hängen, kämmen, Naht, Päckchen, quälen, Rätsel, wählen

1 Male die verwandten Wörter in der gleichen Farbe an.
Schreibe die Wörter dann nach Wortfamilien geordnet auf.

stark	länger	stärker	nah	verschärfen
kalt	schärfer	verlängern	kälter	die Länge
lang	die Schärfe	die Nähe	scharf	verstärken
die Kälte	näher	die Stärke	annähern	erkälten

kalt, kälter,

stark,

2 Bilde mit den Wörtern jeder Zeile einen sinnvollen Satz. Markiere ä gelb.

plötzlich · fallen · Christian · Stuhl

morgens · austragen · Zeitungsfrau · Zeitungen

am Nachmittag · backen · Opa · Plätzchen

beim Schulfest · halten · Rektor · Rede

heute · fahren · Freund · Urlaub

bei uns · waschen · Waschmaschine · Wäsche

vielleicht · verraten · Lehrerin · Lösung

jeden Tag · fangen · Katze · Mäuse

Nachdenkwörter mit äu

1 Verbinde die verwandten Wörter. Markiere äu und au gelb.
Präge dir anschließend immer ein Wortpaar ein und schreibe es auf: Gebäude – bauen,

Gebäude •	• Haufen
häufig •	• bauen
bräunen •	• laut
läuten •	• braun

Bräutigam •	• Raum
säubern •	• rauschen
Geräusch •	• sauber
räumen •	• Braut

2 Umrande die verwandten Wörter immer in der gleichen Farbe. Markiere äu – au gelb.

rauben Traum räumen Sträuße

verkaufen Strauß Schaum außen

Räuber laufen träumen Verkäufer

schäumen Raum Läufer äußerlich

3 Schreibe Sätze mit den Wörtern mit äu von Aufgabe 1.

4 Gebäude, häufig, räumen, Sträuße, träumen

1 Schreibe alle Wörter mit **eu** auf. Achte dabei auf die Groß- und Kleinschreibung.

d	e	u	t	s	c	h	l	a	n	d
e	l	e	u	t	e	t	e	u	e	r
u	f	a	h	r	z	e	u	g	u	s
t	e	u	r	o	p	a	c	t	n	t
l	u	x	x	e	x	x	h	r	x	e
i	e	f	e	u	c	h	t	e	x	u
c	r	x	x	l	x	h	e	u	t	e
h	x	x	z	e	u	g	n	i	s	r

waagerecht: ______________________

____

____

____

____

senkrecht: ______________________

____

2 Ordne die Wörter zu Wortfamilien: freuen, Freude, ...

freuen · ankreuzen · neu · Freund · deutlich · Kreuzung · Freude
Freundschaft · andeuten · erneuern · erfreulich · Kreuz · Neuigkeit · freundlich
Deutlichkeit · neugierig · Freudentanz · Gipfelkreuz · undeutlich · Freundin

3 Hier kannst du zusammengesetzte Namenwörter bilden.

Alarm, Wehr, Feuer, Löscher, Melder

Fahne, Meister, Europa, Hymne, Rekord

fahren, flicker, Zeug, werken, spielen

4 Kannst du es? Seite 67 Aufgabe 7

Kurze und lange Laute

1 Sprich die Wörter. Kennzeichne das lang gesprochene **a** mit einem Strich [–] und das kurz gesprochene mit einem Punkt [•].

2 Ordne die Wörter von Aufgabe 1 richtig ein. Die Wörterliste hilft dir beim Richtigschreiben.

kurzes betontes a	langes betontes a

1 Sprich die Wörter. Kennzeichne das kurz gesprochene ü oder e durch einen Punkt [•], das lang gesprochene durch einen Strich [–]. Schreibe die Wörter auf.

ü  ☐ ______

ü  ☐ ______

ü 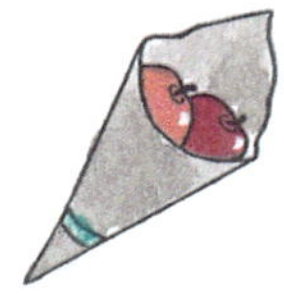 ☐ ______

ü 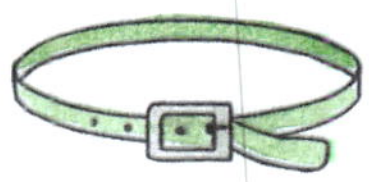 ☐ ______

e  ☐ ______

e  ☐ ______

e  ☐ ______

e  ☐ ______

2 Sprich die Wörter und höre auf den betonten Selbstlaut oder Umlaut.

Schall · Qual · sparen · hart · Fehler · Text · bequem · Wecker
Hitze · Miete · Mitte · Maschine · Kompass · bloß · Strom · offen
Flug · Fuchs · kurz · Natur · quälen · kräftig · Pässe · erklären
plötzlich · strömen · stören · Löffel · Müll · süß · grüßen · Glück

3 Ordne die Wörter von Aufgabe 2 in die richtige Spalte ein.

	lang gesprochener Selbstlaut oder Umlaut	kurz gesprochener Selbstlaut oder Umlaut
a:	*Qual,*	*Schall,*
e:		
i:		
o:		
u:		
ä:		
ö:		
ü:		

4 Maschine, Müll

Nachdenkwörter mit ie

1 Diese Wörter mit **ie** kennst du schon. Schreibe sie auf.

2 Wie viele Wörter mit **ie** findest du waagerecht und senkrecht? Markiere zuerst alle **ie** gelb.

v	s	i	e	b	e	n	x	t	x	s	v	x
i	c	k	n	v	e	r	b	i	e	t	e	n
e	h	r	i	d	i	e	s	e	x	i	r	z
l	w	i	e	g	e	n	c	f	x	e	l	i
n	i	e	m	a	l	s	h	x	x	l	i	e
x	e	c	a	l	b	e	i	s	p	i	e	l
x	r	h	n	i	b	i	e	g	e	n	r	x
l	i	e	d	e	r	x	f	k	r	i	e	g
x	g	n	x	b	x	m	i	e	t	e	n	x

3 Du hörst den langen i-Laut in der mehrsilbigen Form besonders gut. Verlängere die Wörter.

Brief	Brie - fe	Ziel		tief	
Tier		Lied		schief	
Beispiel		Krieg		viel	

4 Beispiel, biegen, kriechen, Miete, schief, schwierig, tief, wiegen, Ziel

1 Setze die Tuwörter richtig ein. Übe dann mit den Sätzen das richtige Aufschreiben.

fliegen
gießen
verbieten
schieben
fließen
wiegen
verlieren
frieren

Der Gärtner muss die Pflanzen ______.

Papa ______ den Kinderwagen.

Bei dieser Kälte ______ ich schrecklich.

Das Abwasser ______ in den Kanal.

Diesen Blödsinn ______ ich euch.

Die Marktfrau ______ die Erdbeeren ab.

Unsere Mannschaft ______ heute.

Mein Freund ______ nach Italien.

2 Verbinde Satz und passendes Wort. Schreibe Sätze mit den neuen Tuwörtern.

Ich mache ein Foto von meiner Klasse.	telefonieren
Vater erkundigt sich am Schalter.	spazieren
Oma redet am Telefon mit ihrer Nachbarin.	informieren
Wir gehen am Fluss entlang.	fotografieren

3 fließen, frieren, gießen, riechen, schieben, verbieten, verlieren

4 Kannst du es? Seite 68 Aufgabe 8

Nachdenkwörter mit doppeltem Mitlaut

1 Viele Gegenstände haben einen doppelten Mitlaut. Male die Bilder an und sprich die Wörter dabei in Silben: Teddy, Bagger, Puppe ...

2 Schreibe die Wörter auf und markiere den doppelten Mitlaut gelb.

3 Schreibe die Wörter von Aufgabe 2 in Silben getrennt auf.
Markiere die getrennten Mitlaute gelb: Ted-dy

4 Brille, Löffel, Messer, Schlüssel, Tasse, Teller

1 Markiere den doppelten Mitlaut gelb.
Verlängere die Wörter und trenne sie in Schreibsilben.

Nuss · Kamm · Schiff · Stamm · Programm · Stoff · Kuss · Kompass
Pass · Bett · fett · dünn · dumm · hell · glatt · schnell · still · nass

Nüs-se

2 Finde mit den Wörtern von Aufgabe 1 und den Bildern zusammengesetzte Namenwörtern. Schreibe sie auf.

3 Verwende die zusammengesetzten Namenwörter von Aufgabe 2 in eigenen Sätzen.

4 Bett, dünn, fett, glatt, Kompass, Kuss, nass, Pass, Programm, Stamm, Stoff

Nachdenkwörter mit doppeltem Mitlaut

1. Schreibe zu den Bildern kurze Sätze. Markiere den **doppelten Mitlaut** gelb.

Feuer brennen

Biene summen

Mädchen essen

Rechnung stimmen

2. Schreibe passende Sätze und markiere den **doppelten Mitlaut** gelb.

heute
Vorstellung
beginnen
16.00 Uhr

Mannschaft
FC Palau
gewinnen
Spiel

Hannes
steigen lassen
Nachmittag
Drachen

Hannah
vergessen
häufig
Turnbeutel

3. Schreibe die Tuwörter in der Grundform , Gegenwart und 1.Vergangenheit.
rennen, er rennt, er rannte

rennen · schwimmen · müssen · wollen · können
brennen · gewinnen · beginnen

4. beginnen, brennen, gewinnen, rennen, schwimmen, stimmen, vergessen

1 Finde das verwandte Namenwort oder Tuwort und schreibe es auf.

Namenwort	Tuwort	Tuwort	Namenwort
der Kamm		bitten	
der Gewinn		beginnen	
der Kuss		sammeln	
der Donner		hoffen	

2 Schreibe die verwandten Wörter immer in eine Zeile.

Mitte · Treffpunkt · retten · Mittag · kennen · offen · Mitternacht
Treffer · Öffnung · Nachmittag · Retter · Kennzeichen · trifft · Kenner
Rettungsmannschaft · Öffner · kannte · treffen · öffnen · Rettung

3 Donner, Kamm, kennen, Mittag, Mitte, sammeln, treffen

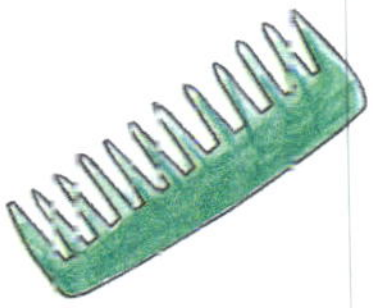

4 Kannst du es? Seite 68 Aufgabe 9

Nachdenkwörter mit ck

1 Ordne die Wörter nach dem ABC. Markiere ck gelb.

aufwecken · Block · trocken · Dreck · packen · blicken · entwickeln · Glück
dick · Brücke · backen · schmecken · Schreck · drücken · Ecke · zurück

aufwecken,

2 Setze Silbenbögen unter die Wörter von Aufgabe 1: aufwecken, ...

3 Schreibe die Wörter von Aufgabe 1 in Silben zerlegt auf.

4 Umrande die verwandten Wörter in der gleichen Farbe. Markiere das ck gelb.
Schreibe die Wortfamilien dann geordnet auf: dreckig, Dreck, ...

dreckig	abtrocknen	verpackt	Ecke	schreckhaft
Schreck	Eckball	packen	schrecklich	Trockenheit
Dreck	erschrecken	Packung	eckig	Dreckspatz
Päckchen	trocken	Dreieck	Trockner	

5 aufwecken, backen, blicken, Block, Brücke, dick, Dreck, drücken, Ecke, Glück, packen, schmecken, Schreck, trocken, zurück

1 Markiere alle tz gelb. Schreibe dann die Wörter auf.
Achte auf die Groß- und Kleinschreibung.

waagerecht: ____________________

____

____

____

senkrecht: ____________________

____

____

____

S	R	S	C	H	W	I	T	Z	E	N
C	N	C	L	F	S	E	T	Z	E	N
H	P	H	E	J	E	T	Z	T	M	E
M	N	Ü	T	Z	L	I	C	H	Ü	T
U	W	T	Z	I	M	B	L	I	T	Z
T	I	Z	T	Z	U	L	E	T	Z	T
Z	T	E	E	K	R	A	T	Z	E	N
O	Z	N	G	R	G	E	S	E	T	Z

2 Hier kannst du reimen.

schwitzen	setzen	Hitze	Platz
s	verl	Sp	S

3 Bilde Sätze und schreibe sie auf. Achte auf das tzt.

Hund / kratzen / Tür

Heidi / spitzen / Bleistift

Herr Huber / putzen / Wohnung

Sportlerin / schwitzen / Training

4 Bilde mit den Wörtern von Aufgabe 1 und 2 zusammengesetzte Namenwörter.

Ableiter · stehen · Bleistift · Spinnen · Sommer · stricken · Fleck

5 Blitz, Gesetz, Hitze, jetzt, kratzen, letzte, nützlich, Schmutz, schwitzen, setzen, sitzen, Spitze, zuletzt

6 Kannst du es? Seite 68 Aufgabe 10

Namenwörter mit nachgestellten Wortbausteinen

1 Bilde mit den Wortbausteinen **-heit** und **-keit** Namenwörter.

deutlich · dumm · ehrlich · krank · empfindlich · frei · fröhlich · schön
gesund · trocken · wichtig · klar · schwierig · neu (!) · schnell (!) · böse (!)

Wortbaustein **-heit**	Wortbaustein **-keit**

2 Hänge den Wortbaustein **-e** an den **Wortstamm** an und bilde Namenwörter.

lang · **nah** · **nass** · **scharf** · **stark** · **glatt** · **treu** · **tief** · **hohl** · **still**

stimmen · **spitz**en · **skizz**ieren · **wieg**en · **spritz**en

3 dumm, Glätte, Nässe, Stärke, Skizze, skizzieren

Namenwörter mit nachgestellten Wortbausteinen

1 Achtung, die Namenwörtermaschine ist in Betrieb! Sie macht aus Tuwörtern und den Wortbausteinen **-ung** und **-er** Namenwörter. Schreibe sie auf.

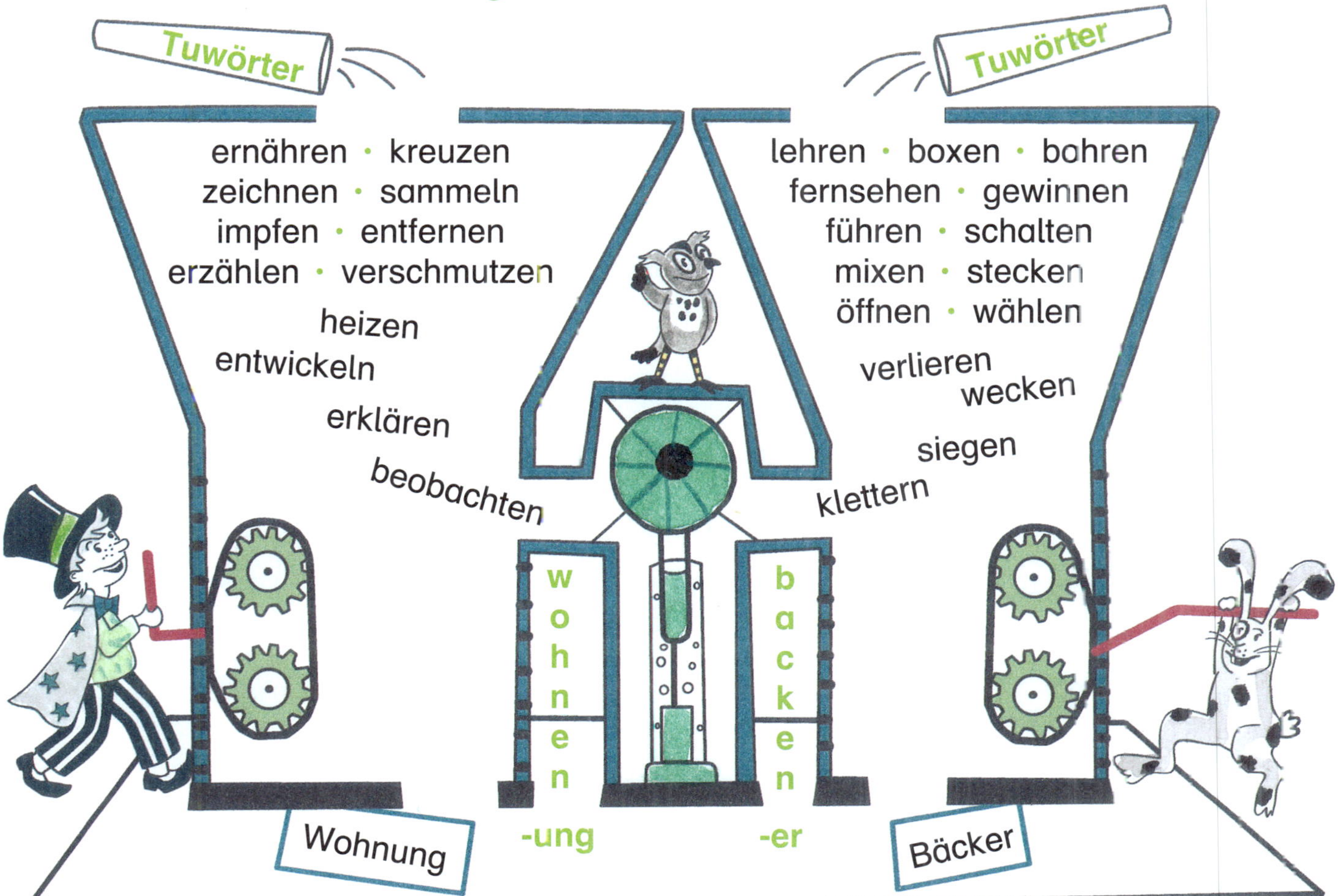

Wohnung,

Bäcker,

2 entwickeln, erklären, ernähren, klettern

Vorangestellte Wortbausteine

1 Die **Wortbausteine** kannst du mit **nehmen** zusammensetzen. Schreibe die Wörter auf.

an- **auf-** **zu-** **vor-** **zurück-**

ab- **aus-** **be-** **ein-** **ver-**

nahm	nehmen	nimmt

____

____

____

2 Setze ein passendes Tuwort von Aufgabe 1 ein.

Max muss unbedingt ________. Der Mond ________ zurzeit ________. Der Patient ________ die Medizin ________. Der Polizist ________ den Dieb. Lara will die Fernsehsendung ________. Ich kann dieses Geschenk nicht ________. Der Fischhändler ________ die Forellen ________. Ich ________ mir ________, schöner zu schreiben. Lena ________ sich immer gut. Kann man die Bestellung ________?

3 Mache mit den Sätzen von Aufgabe 2 ein Aufschreibtraining.

1 Dreimal wurde am Rad gedreht. Male jedes neu entstandene, sinnvolle Tuwort (Baustein + Tuwort) in einer anderen Farbe an.

2 Schreibe die neu entstandenen Tuwörter auf.

3 Hast du das Besondere bei diesen Wörtern schon entdeckt?
Schreibe die Wörter auf und kennzeichne die Nahtstellen gelb.

Vorangestellte Wortbausteine

1. Hier kannst du Tuwörter mit dem Wortbaustein **ver-** bilden.
   Schreibe die Wörter zweifarbig auf.

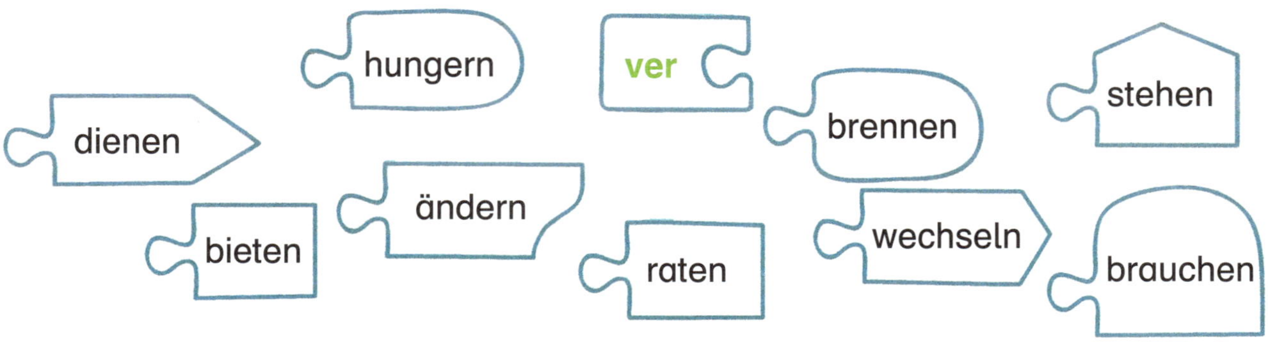

verdienen

2. Schreibe das Namenwort mit dem bestimmten Begleiter zu den Tuwörtern.

versuchen	der V	verwechseln	
verstehen		verändern	
verkaufen		verschmutzen	
verdienen		verpacken	
verbieten		verletzen	

3. Schreibe zu acht Wörtern von Aufgabe 2 mit dem Wortbaustein **VER-** eigene Sätze.

4. verbrennen, verletzen, verpacken, verschmutzen

Vorangestellte Wortbausteine

1 Schreibe mit jedem Wort einen Satz. Schreibe die Wörter mit VOR zweifarbig auf.

Vorfahrt

vorgestern

Vormittag

Vorname

vorsichtig

2 Schreibe die neuen Tuwörter wieder zweifarbig auf.

3 Schreibe mit jedem Tuwort von Aufgabe 2 einen Satz.

4 spiegeln, stellen, Vorfahrt, vorsichtig

Wiewörter mit den Wortbausteinen -ig und -lich

1 Lies die Radiomeldung. Unterstreiche die Wiewörter mit dem Wortbaustein **-ig**.

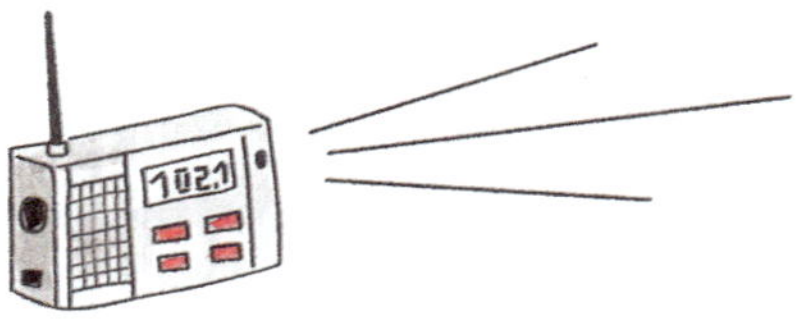

Das Wetter wird morgen sonnig, aber sehr windig.
Wo es schattig ist, sind die Straßen rutschig.
Fahren Sie vernünftig und vorsichtig!

2 Bilde aus den Namenwörtern durch den Wortbaustein **-ig** Wiewörter.
Mache dann das **g** durch eine Verlängerung hörbar.

Durst → ein ____________ Wanderer

Dreck → ein ____________ Hemd

Fleiß → ein ____________ Schüler

Hunger → ein ____________ Bär

Ruhe → ein ____________ Platz

Gift → ein ____________ Pilz

Kraft → ein ____________ Stoß

3 Schreibe mit den Wiewörtern von Aufgabe 2 eigene Beispiele.

Ein durstiger Hund,

____

____

4 kräftig, Ruhe, ruhig

Wiewörter mit den Wortbausteinen -ig und -lich

1 Die Wörtermaschine macht aus Namenwörtern Wiewörter. Schreibe die Wiewörter auf.

Glück · Frieden · Angst · Gefahr · Ehre · Punkt · Schrecken · Jugend

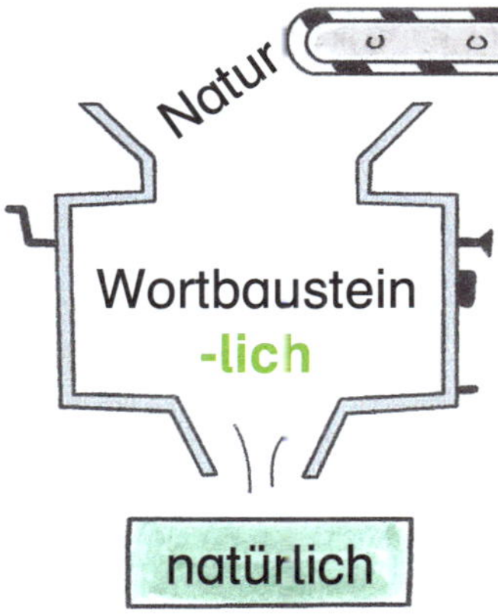

natürlich,

2 Setze Wiewörter von Aufgabe 1 ein und schreibe die Sätze auf.

Das ist eine ? Kreuzung.
? um 20.00 Uhr begann das Spiel.
Der ? Mann gab das Geld im Fundbüro ab.
Du kannst ? mit uns nach München fahren.
Alexander hatte einen ? Traum.
Der ? Gewinner freute sich über die 1000 Euro.
Das ? Kind fürchtet sich vor dem großen Schäferhund.

3 Schreibe mit diesen Wörtern einen Satz.

deutlich

endlich

ärgerlich

plötzlich

empfindlich

4 Ordne diese Wiewörter nach dem ABC.

dick · bequem · tief · wild · voll · hohl · süß · schief · nützlich · brav

5 ängstlich, empfindlich, endlich, Frieden, Jugend, plötzlich, schrecklich

6 Kannst du es? Seite 69 Aufgabe 11

Nachdenkwörter mit silbentrennendem h

1 Sprich die Tuwörter ganz deutlich in Silben. Markiere das h gelb.

se hen	mä hen	zie hen	blü hen
ge sche hen	krä hen	flie hen	glü hen
dre hen	nä hen	ru hen	lei hen

2 Welches Tuwort von Aufgabe 1 fehlt? Setze ein und bilde Fragesätze.

Schneiderin ? Kusine Sommerkleid	Mädchen ? Katze Baum	Garten ? Kirschbaum	Freundin ? mir Füller	Vater ? Wanduhr auf

3 Setze Wörter aus der ersten und zweiten Zeile zusammen und schreibe auf. Markiere das h gelb.

gehen · drehen · glühen · stehen · nähen · leihen · ziehen · sehen

Würmchen · Platz · Fehler · Maschine · Brunnen · Wagen · Stuhl · Weg

4 drehen, geschehen, glühen, nähen, sehen, ziehen

1 Sprich die Namenwörter in der Einzahl und Mehrzahl. Schreibe sie dann auf. Markiere.

Kuh

2 Schreibe mit dem Gegenteil einen kurzen Satz.

gekochter Schinken - roh Lea isst

der späte Zug - früh

die entfernte Stadt - nah

eine traurige Nachricht - froh

3 Schreibe es kürzer mit einem zusammengesetzten Namenwort. Markiere das h gelb.
Schreibe mit jedem Wort einen Satz: Das Frühjahr ...

Eine Jahreszeit, die früh im Jahr ist • Stall, in dem Kühe stehen
ein Schrank für die Schuhe • Mahlzeit, die man früh am Morgen einnimmt
Creme, die man für die Schuhe braucht

4 froh, früh, nah, Reh

Merkwörter mit Dehnungs-h

1 Ordne richtig ein. Markiere den **Selbstlaut/Umlaut mit h** rot.

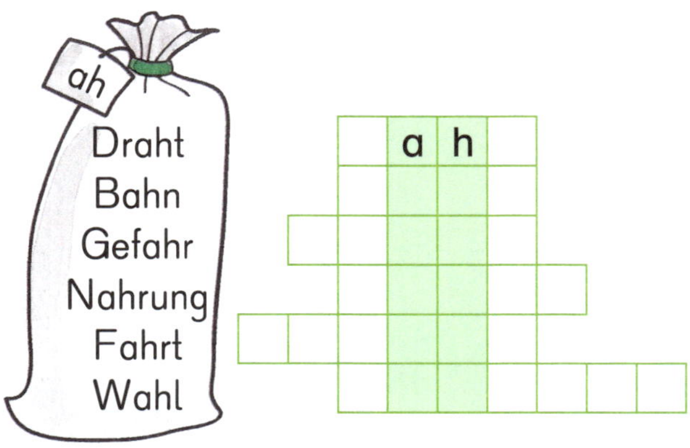

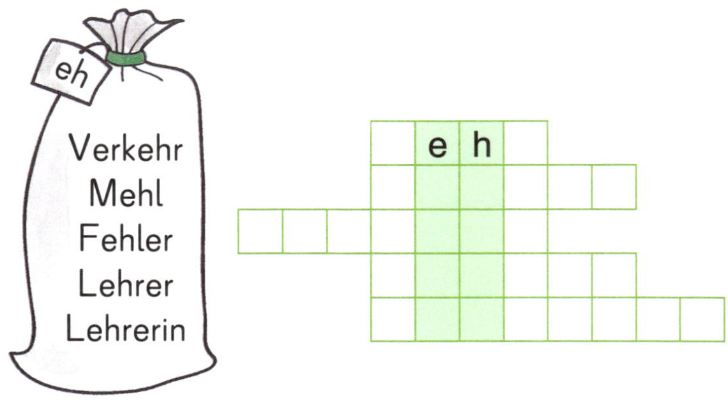

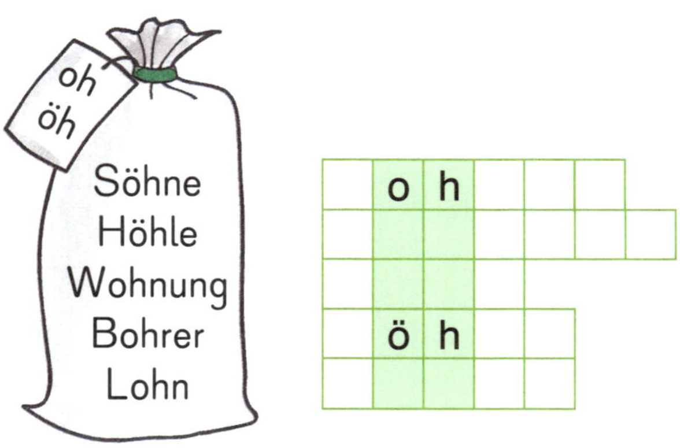

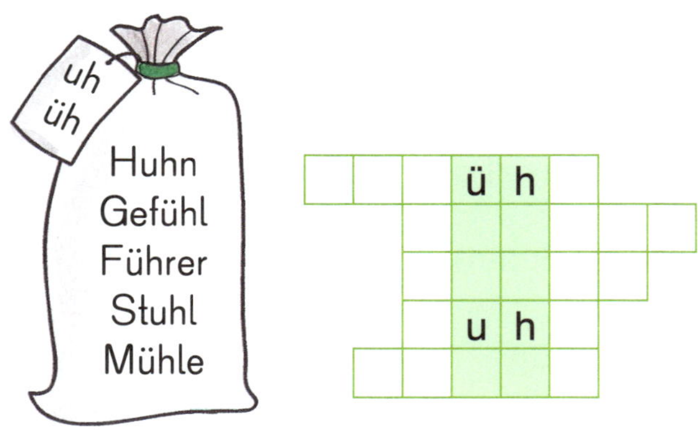

2 Bilde mit Wörtern von Aufgabe 1 zusammengesetzte Namenwörter. Markiere rot.

Sport · Hof · Bus · Ampel · schreiben · Specht · schaukeln · Miete

3 Durch Reimen kannst du dir neue Wörter einprägen.

Bahn	Wahl	Sahne	Lohn	Gefahr
Z	Z	F	S	J

4 Bahn, Draht, Fehler, Gefahr, Höhle, Lehrer, Mehl, Stuhl, Wahl

1 Ordne die Wörter mit dem stummen h nach dem ABC. Markiere **Selbstlaut/Umlaut + h** rot.

ohne · hohl · kühl · umkehren
rühren · ungefähr · belohnen · während
ähnlich · erzählen · gefährlich · mehr
fröhlich · ehrlich · bohren

ähnlich,

2 Aus 12 Wörtern von Aufgabe 1 kannst du ein Namenwort bilden. Schreibe sie auf.

3 Verbinde Namenwort und passendes Tuwort. Schreibe auf: eine Geschichte ...

Geschichte •	• Teig	Geld •	• Rad	Rechnung •	• Nummer
rühren •	• erzählen	fahren •	• zählen	wählen •	• bezahlen

4 Ordne die Wörter zu Wortfamilien. Markiere **Selbstlaut/Umlaut + h** rot.

fahren · geführt · Fahrer · Gefühl · fehlerfrei

fühlen · führen · Fahrrad · Fehler · gefühllos · Führer

fehlen · Fühler · fehlerhaft · Führung · Fahrzeug

FAHR: fahren,

FÜHL:

FÜHR:

FEHL:

5 ähnlich, belohnen, bohren, ehrlich, erzählen, fröhlich, fühlen, führen, gefährlich, hohl, kühl, mehr, ohne, rühren umkehren, ungefähr

Merkwörter mit aa, ee, oo

1 Male die Wörter mit einem doppelten Selbstlaut im Bild aus.

2 Ordne richtig ein.

Zoo · Haare · Schnee · Moos · Waage · Tee · Kaffee
Boot · ein paar · Saal · Meer · leer · Aal · Erdbeeren · See

aa	oo	ee
______	______	______
______	______	______
______	______	______
		______

3 Setze passende Wörter von Aufgabe 2 in die Geschichte ein.

Wir fuhren am Sonntag ans ______. Der Strand war fast ______. Nur ______ ______ Fischer mit ihren ______ waren zu sehen. Sie hatten ______ gefangen. Die Fische wurden auf einer ______ gewogen. Papa fand ______igel und ______sterne. Später gingen wir in ein Gasthaus, tranken Früchte______ und ______ und aßen ______kuchen.

4 Mache mit dem Text von Aufgabe 3 ein Aufschreibtraining.

5 Beeren, Boot, Kaffee, Meer, Moos, See, Zoo

Merkwörter mit aa, ee, oo

1 Bilde zusammengesetzte Namenwörter und schreibe sie auf.

Kaffee – Tasse, Kanne, Löffel, Pulver

segeln, rudern, Motor, Rettung – Boot

Meer – Schweinchen, Salz, Rettich, Wasser

2 Unterscheide: **ein Paar = zwei ...** ↔ **ein paar = einige**

Schreibe zu jedem Bild einen Satz.

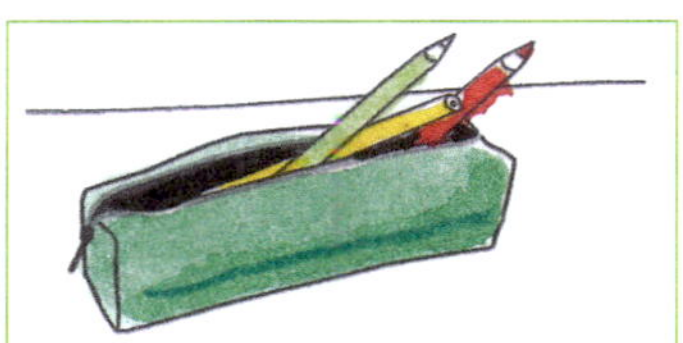

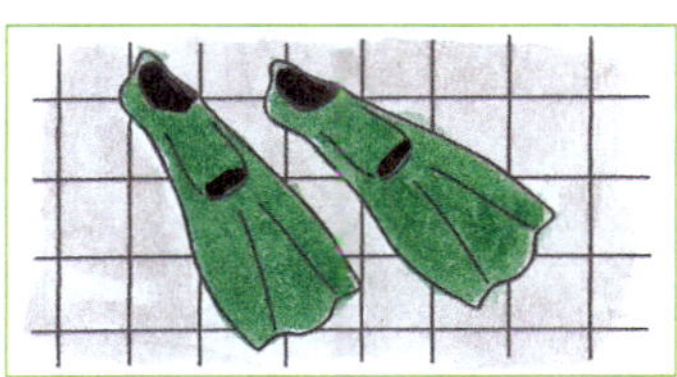

Merkwörter mit v/V

1 Schlage die Lösungswörter zu den Rätseln in der Wörterliste nach. Schreibe sie auf und markiere v/V rot.

Rätsel	Lösung	Rätsel	Lösung
der 11. Monat im Jahr		Gegen-teil von unartig	
langes Wort für Pulli		Gefäß für Blumen	
Berg, der Feuer speit.		zwanzig + zwanzig	
Es hat vier Ecken.		anderes Wort für Klub	

2 Schreibe mit jedem Wort von Aufgabe 1 einen Satz.

3 Schreibe die Rechnung mit Wörtern.

$$4 + 40 + 400 = 444$$

4 Weißt du, was diese Wörter bedeuten? Sprecht darüber. Markiere das v/V rot.

Nerven · Venen · Violine · Virus · Lava · Video · Vetter · Vieh

5 brav, Pullover, Vase, Verein, vier, vierzig

1 Die Wörterschlange frisst den Apfel. Dadurch entstehen neue Wörter. Schreibe sie auf und achte auf die Groß- und Kleinschreibung.

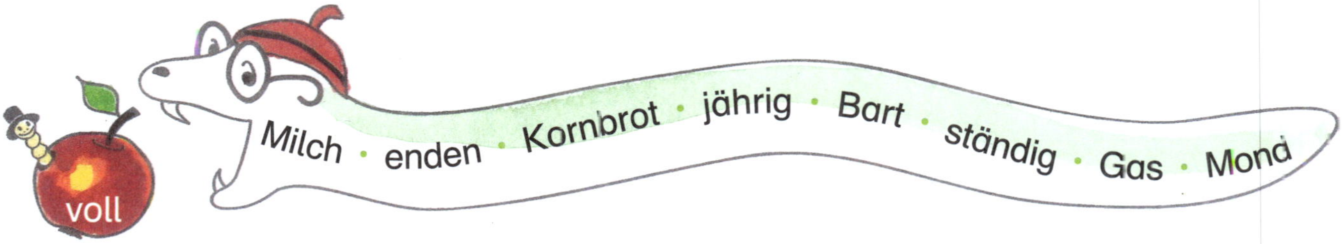

2 Bilde Sätze mit **viele**.

① 

② 

③ 

①

②

③

Die Wortbausteine VER und VOR schreiben wir mit v/V.

3 Übe mit diesen Wörtern das richtige Aufschreiben.

Verkehr	Versammlung	Vorbild	Vorfahrt
Verkehrsampel	Verschmutzung	Vorführung	Vorfahrtsstraße
Verkehrszeichen	Verletzung	Vormittag	Vorfahrtsschild

4 Verkehr, Verletzung, Verschmutzung, viel, voll, vollständig

Merkwörter mit ß

1 Lies die Wörter deutlich und setze unter den lang gesprochenen Laut einen Strich ☐. Markiere das ß rot.

grüßen · außen · fleißig · Maß · bloß · Straße · schließlich · süß

fließen · draußen · beißen · gießen · Strauß · reißen · Spaß

2 Ordne die Wörter von Aufgabe 1 nach dem ABC und setze Silbenbögen darunter.

außen

3 Schreibe die Wörter von Aufgabe 2 getrennt auf: au-ßen ...

4 Mit welchen Wörtern von Aufgabe 1 kannst du zusammengesetzte Namenwörter bilden?

   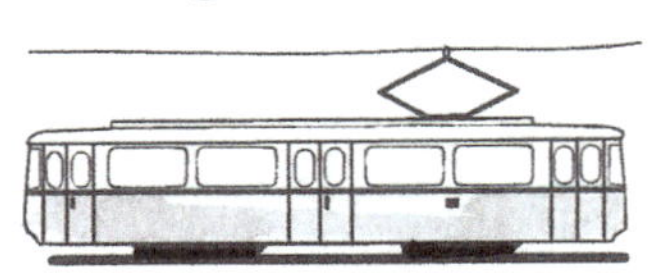

Blumen · Bahn · Ring · Band · Nagel · Kanne · Wand · Vogel

5 außen, bloß, fleißig, Maß, reißen, Straße, Strauß

1 Schreibe die folgenden Sätze in der Zeitstufe der **1. Vergangenheit**.

Fin isst in der Pause Vollkornbrot und Obst. Auf den Bäumen im Schulhof sitzen schwarze Krähen. Sie fressen die Reste aus dem Abfalleimer. Anna vergisst ihre Brotzeitdose. Die Kinder messen die Länge des Ganges.

2 Umrande die verwandten Wortpaare jeweils in derselben Farbe und schreibe sie auf.

süß grüßen schließen Fleiß Heißluft

weiß Spaß Gruß Weißbrot spaßig

heiß schließlich fleißig Süßigkeit

3 Fleiß, fraß, saß, schließen, schließlich, süß, vergaß

Merkwörter mit ä

1 Schreibe die Namenwörter mit ä **ohne a** unter die Bilder. Markiere das ä rot.

  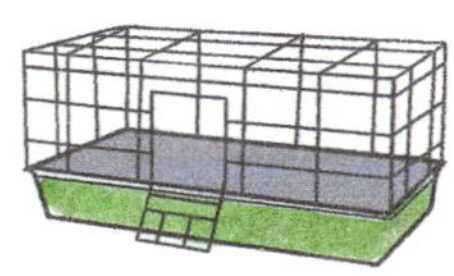 

 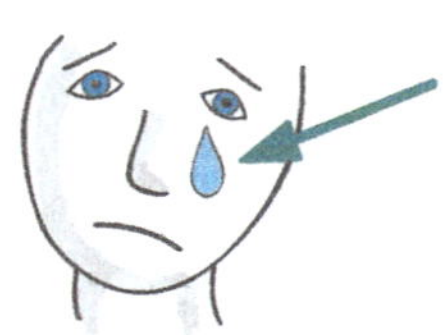 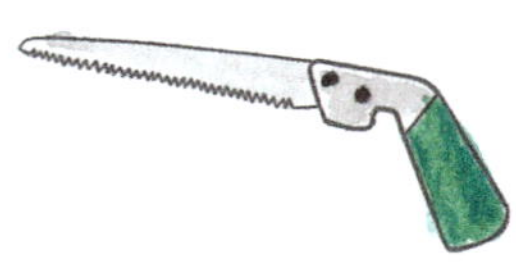 

2 Auch diese Wörter mit ä muss man sich einprägen. Markiere das ä rot.

Lärm · spät · mähen · Märchen · krähen · während

3 Setze die Wörter von Aufgabe 2 richtig ein. Vergleiche mit einem Partner.

Opa erzählt uns ein ______. Bei ______ kann ich nicht gut arbeiten. Wie ______ ist es? Der Hahn ______ früh am Morgen. ______ der Ferien besuche ich meine Freundin. Der Bauer ______ die Wiese.

4 Mache mit dem Text von Aufgabe 3 ein Aufschreibtraining.

5 Käfer, Käfig, Käse, Lärm, Mädchen, spät, Träne, während

1 Schreibe die Namenwörter mit i unter die Bilder. Markiere das i rot.

BEL · BER · BI · BI · DIL · GER · KI · KI · KO
KRO · LO · MA · NE · NIL · NO · PFERD · SCHI · TI

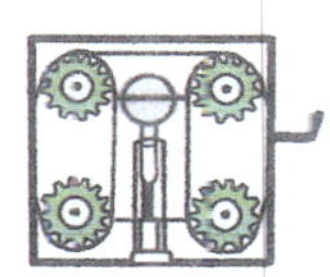

2 Hänge die passende Endung an und schreibe die Wörter auf. Markiere das i rot.

Merkwörter aus anderen Sprachen

1 Schlage die Wörter in der Wörterliste nach und schreibe sie auf.

___________ S. ____ Spalte ____

___________ S. ____ Spalte ____

___________ S. ____ Spalte ____

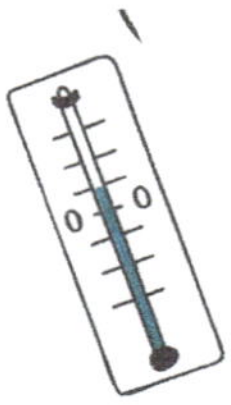

___________ S. ____ Spalte ____

___________ S. ____ Spalte ____

___________ S. ____ Spalte ____

___________ S. ____ Spalte ____

___________ S. ____ Spalte ____

2 Auch diese Wörter kommen aus anderen Sprachen. Ordne sie nach dem ABC.

Recycling · Christ · Pommes · Information · Skizze
Theater · Interesse · Diskette

____

____

3 Christ, Clown , Handy, Information, Recycling, Theater

1 Schaue dir die Wörter von Seite 60 noch einmal genau an und präge sie dir ein.

2 Setze nun Wörter von Seite 60, möglichst ohne nachzuschauen, passend ein.

Viele ______ gehen Weihnachten in die Kirche.

Bei unserem Urlaub in Italien zeigte das ______ 35 Grad an.

Antonio isst am liebsten ______ und ______.

Mit großem ______ hörten die Kinder dem Förster zu.

Im ______ wird heute „Das Dschungelbuch" aufgeführt.

Durch ______ gewinnt man aus dem Abfall wertvolle Stoffe.

Viele Maler machen zuerst eine ______ von einem Bild.

Viele Leute telefonieren mit einem ______.

3 Schreibe die Sätze von Aufgabe 2 als Fragesätze auf.

______

______

______

______

______

______

______

______

______

______

Merkwörter mit dem ks-Laut

1. Schreibe die Wörter mit x auf. Kontrolliere mithilfe der Wörterliste und markiere das x rot.

2. Schreibe mit jedem Wort einen eigenen Satz.
3. Schreibe die Wörter mit chs auf. Kontrolliere mithilfe der Wörterliste und markiere chs rot.

4. Schreibe mit jedem Wort einen eigenen Satz.
5. boxen, Fuchs, mixen, Taxi, Text, wachsen, wechseln
6. Kannst du es? Seite 69 Aufgabe 12

1 Setze die Fürwörter richtig ein. Schreibe den Brief dann auf.

Lieber Robert,

nun liegst ______ schon seit vier Tagen im Krankenhaus. Ich kann ______ leider nicht besuchen, darum will ich ______ einen Brief schreiben.

Dass ______ ______ beim Skifahren ______ Bein gebrochen hast, tut mir sehr leid. Ich wünsche ______ gute Besserung.

______ Freund Marco

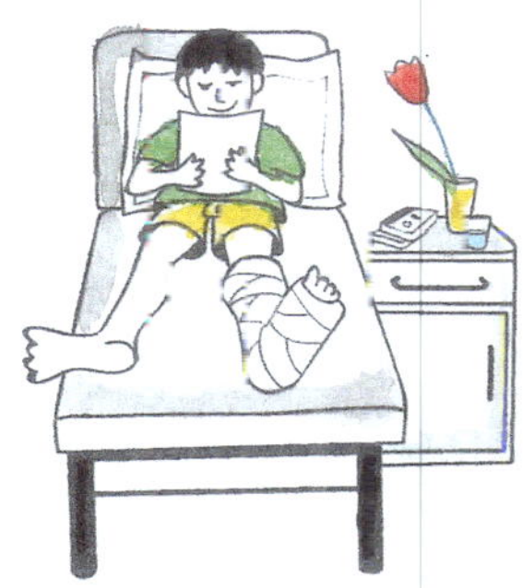

2 Setze die Fürwörter richtig ein. Schreibe den Brief dann auf.

Sehr geehrter Herr Bürgermeister,

heute kommen wir mit einem Problem zu ______.

Unseren Pausenhof kennen ______ ja. Er bietet uns kaum Möglichkeiten zum Spielen. Nun möchten wir ______ und ______ Gemeinderat bitten, uns zwei Tischtennisplatten zu genehmigen. Gern dürfen ______ auch gegen einen ______ Gemeinderäte das Eröffnungsspiel machen.

Mit freundlichen Grüßen

______ Klasse 3a

Fehler korrigieren

1 Vergleiche die beiden Texte sorgfältig und markiere falsche Schreibweisen im ersten Text. Mache dann mit dem richtigen Text ein Aufschreibtraining.

Vile Menschen haben heute ein Fahrad. Manche fahren damit zu Arbeit. Das spart benzin und ist gut für die Gesundheit. Andere nuzen es in ihrer Freizeit. Familie Hut radelt im Sommer durch den Wald an einen kleinen See. Ich kenne einen Man, der mit seinem Fahrrad eine Weltreise gemach hat. In China transportiren die Menschen große lasten auf ihren Rädern. Dort ist das Rad das häufigste Verkehrmittel.	Viele Menschen haben heute ein Fahrrad. Manche fahren damit zur Arbeit. Das spart Benzin und ist gut für die Gesundheit. Andere nutzen es in ihrer Freizeit. Familie Hut radelt im Sommer oft durch den Wald an einen kleinen See. Ich kenne einen Mann, der mit seinem Fahrrad eine Weltreise gemacht hat. In China transportieren die Menschen große Lasten auf ihren Rädern. Dort ist das Rad das häufigste Verkehrsmittel.

2 Kontrolliere die Groß- und Kleinschreibung der Wörter. Hake richtige Schreibweisen ab und korrigiere falsche. Bist du unsicher, hilft dir die Wörterliste.

information · Vielleicht · mixen · Außen · schreck · links · Zeitung
brand · impfen · Schrecklich · Träumen · fehler · Tief · Miete · plötzlich
Zurück · urlaub · fehlen · Zukunft · eigentlich · Kreuzung · abfall

1 Kontrolliere die Groß- und Kleinschreibung der Wörter.
Markiere falsche Schreibweisen farbig. Bist du unsicher, hilft dir die Wörterliste.

Unser Auge
der Augapfel liegt geschützt in der Augenhöhle
aus Festen knochen. Die Wimpern halten staub ab.
Droht gefahr, schließen sich die Augenlider automatisch.
Die Brauen halten den schweiß ab. Bei dunkelheit weitet
sich die Pupille, bei Grellem Licht zieht sie sich zusammen.
Unser Auge ist ein wirkliches wunder. wir müssen mit
diesem wichtigen Sinnesorgan sorgfältig umgehen.

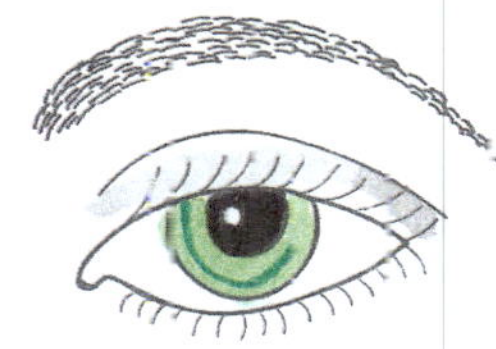

2 Schreibe den Text von Aufgabe 1 korrigiert auf.

3 Findest du alle Fehler? Hake richtige Schreibweisen ab und korrigiere falsche.
Bist du unsicher, hilft dir die Wörterliste beim Aufschreiben.

treffen · pilz · Fux · bisschen · zurück · Skize · Waltweg · Fernseher
Farrad · Retsel · Schall · ruhig · Schtrase · nimand · nähen · Kiefer

4 Findest du alle Fehler? Markiere sie. Die Anzahl der Striche und die Wörterliste helfen dir. Schreibe den Text anschließend fehlerfrei auf.

Kanst du die Bäume unterscheiden?
| Die eiche hat eine knorrige Rinde und gebuchtete Blätter. Ihre Früche mögen die
|| Wiltschweine. Der Stamm der Buche ist glat und grau. Der Rant der Blätter ist
| gewellt. Die Birke erkennt man an ihrer schwarzweisen Rinde und den dünen
| Zweigen. Die Kaschtanie kommt heufig vor. Stachelige Schalen hüllen die
| glänzenden Früchte ein. Die gelappten Blätter des Ahorns ferben sich im herbst
| gans bunt. Und die linde? Sie hat herzförmige Blätter. Aus ihren Blüten kocht man
bei Fiber einen Tee.

5 Kannst du es? Seite 69 Aufgabe 13

Du kannst es!

1 Übe mit diesem Text das richtige Aufschreiben.

In den großen Ferien | war unsere Familie | auf einem Zeltplatz | am Bodensee. |
Schon vor dem Frühstück | sprangen wir ins Wasser. | Das war toll! |
Später erkundeten wir | auf unseren Rädern | die Umgebung. | Ich lernte ein
Mädchen | aus Norddeutschland kennen. | Sie ist meine Freundin geworden. |
Wir mailen uns | jede Woche | unsere Erlebnisse. | Das macht Spaß. |

2 Diese Nachdenkwörter und Merkwörter aus der 2. Klasse solltest du jetzt richtig schreiben können.

     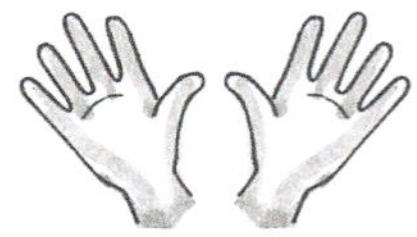 

3 Bist du ein guter Namenwörterdetektiv? Unterstreiche die Namenwörter und schreibe sie anschließend in der Einzahl und Mehrzahl auf.

spät · beruf · stadt · fleißig · rechts · gebäude · geburtstag · träne
zurück · links · rätsel · schreck · kratzen · gott · zeichnen · programm
nähen · feuer · süß · hungrig · schlüssel · spaß · fließen · wechseln
voll · vollkornbrot · urlaub · krieg

4 Schreibe das passende Tuwort zu dem Bild auf.
Schreibe dann mit jedem einen Satz in der 1. Vergangenheit.

f

f

b

g

l

e

sch

b

5 Achte auf den Auslaut und schreibe die Wörter auf.

6 Kannst du zu jedem dieser Wörter ein zusammengesetztes Namenwort bilden?

Arzt · bohren · deutsch · Ecke · Fuchs · kühl · Pilz · Lehrerin
nähen · glühen · Hand · stehen · Boot · schreiben

7 Setze ein und schreibe die Wörter in die entsprechende Zeile.

e oder ä?

?ngstlich · ?ndlich · Gesch?ft · T?xt · L?nder · H?xe
f?tt · ?ndern · D?cke · st?rken

e:

ä:

eu oder äu?

F?er · Geb?de · f?cht · St?er · h?fig · h?te
H?te · l?chten · tr?men · Str?ße

eu:

äu:

8 Kurz oder lang gesprochen?
Sprich die Wörter. Kennzeichne das lang gesprochene **i** mit einem Strich [–] und das kurz gesprochene mit einem Punkt [•]. Schreibe die Wörter dann geordnet auf.

F?chte · K?fer · Br?lle · sch?mpfen · w?gen · Z?l · r?chtig · b?gen · bl?nd

b?sschen · Sp?gel · Sk?zze · Beisp?l · fr?dlich · sch?f · P?lz · H?tze · L?d

lang gesprochener i-Laut	**kurz** gesprochener i-Laut

9 Findest du zu den doppelten Mitlauten ohne nachzuschauen je vier verschiedene Wörter?

ss	ll	mm	nn

10 Finde ein passendes Reimwort mit **tz** oder **ck** und schreibe beide auf.
Witz – ? · Gesetz – ? · Hitze – ? · Rock – ? · Lücke – ? · Stecker – ? · sitzen – ?
eckig – ? · Socken – ? · nützen – ? · Stück – ? · entdecken – ? · schmücken – ?

11 Bilde aus den Namenwörtern durch passende Wortbausteine Wiewörter und aus den Wiewörtern Namenwörter. Schreibe diese mit dem Begleiter auf.

trocken · tief · Dreck · Ehre · gesund · Glück · Vorsicht · Ende · dumm
Angst · Ruhe · Hunger · nass · schwierig · Gefahr · Durst · hoch · Christ

Namenwörter: die Trockenheit, ______________________________

____

Wiewörter: ______________________________________

____

12 Schreibe die Merkwörter auf und markiere alle Aufpass-Stellen.

____

____

____

____

____

13 Markiere alle Fehler im Text. Die Striche am Rand helfen dir dabei. Schreibe den Text dann fehlerfrei auf.

Heute drücken wir auf einen schalter und das Licht get an. Ohne elektrischen Strom könten wir uns unser Leben gar nicht mehr vorstellen. Der Fön troknet die Haare. Die Waschmaschiene wäscht die schmuzige Wäsche und das Essen kocht man auf dem Elektroherd. Der Fernser, der mixer, das Bügeleisen und das Telefon ferbrauchen Strom. Strom ist teuer. Darum müsen wir lernen, wie man Strom sparen kan.

Wörter mit Aufpass-Stellen: A bis E

Abend Abende	Beispiel	bloß	Computer
ähnlich ahnen	beißen biss	blü hen	dick
ändern anders	belohnen	bohren	Dieb Diebe
ängstlich Angst	bequem	Boot	Don ner
Ärztin Arzt	Bett Bet ten	boxen	Draht
aufwecken	bezahlen	Brand Brände	Dreck dreckig
außen	biegen bog	brav	dre hen
Baby	bisschen Bis sen	bren nen	Druck drücken
Bäcker backen	Blick blicken	Bril le	dumm dum me
Bahn	blind blinde	Brücke	dünn dün ne
Beere	Blitz Blit ze	Christ	Ecke eckig
begin nen	Block	Clown	Ehre ehrlich

empfindlich empfinden	fließen floss	geschieht gesche hen	Handy
endlich Ende	fres sen frisst, fraß	Gesetz Geset ze	hängen Hang
entwickeln	friedlich Frieden	Gewächs	häufig Haufen
erklären klar	frieren	gewin nen	Hit ze
ernähren Nahrung	froh fro he fröhlich	gießen	hohl Höhle
erzählen Erzählung	früh frü he	Glät te glatt	Hund
essen isst, aß	Fuchs	Glück glücklich	Information informieren
fahren fährt, fuhr	fühlen Gefühl	glü hen	jetzt
Fehler fehlerfrei	führen Führung	Gott Göt ter	Jugend jugendlich
Feld Felder	Gebäude bauen	groß	Käfer
fett fet te	gefährlich Gefahr	grüßen	Käfig
Fleiß fleißig	ge hen	Hände Hand	Kaffee

<table>
<tr><td>kämmen
Kamm</td><td>Kuss
küs sen</td><td>Mai</td><td>Müll</td></tr>
<tr><td>Käse</td><td>Län der
Land</td><td>Maschine</td><td>Nä he
nah</td></tr>
<tr><td>kennen
kannte</td><td>Lärm</td><td>Maß</td><td>nähen
Naht</td></tr>
<tr><td>Kiefer</td><td>las sen
lässt, ließ</td><td>Meer</td><td>Näs se
nass</td></tr>
<tr><td>klet tern</td><td>Laub</td><td>Mehl</td><td>nehmen,
nimmt, nahm</td></tr>
<tr><td>Kompass
Kompas se</td><td>Lehrer</td><td>mehr</td><td>niemand
niemanden</td></tr>
<tr><td>kräftig
Kraft</td><td>letzte</td><td>mes sen,
misst, maß</td><td>November</td></tr>
<tr><td>krat zen</td><td>Lexikon</td><td>Mes ser</td><td>Num mer</td></tr>
<tr><td>kriechen</td><td>Lied
Lieder</td><td>Miete</td><td>nüt zen
nützlich</td></tr>
<tr><td>Krieg
Kriege</td><td>Löf fel</td><td>Mittag
Mit te</td><td>öffnen
of fen</td></tr>
<tr><td>Kuh
Kühe</td><td>Mädchen</td><td>mixen</td><td>ohne</td></tr>
<tr><td>kühl
kühlen</td><td>März</td><td>Moos</td><td>Päckchen
packen</td></tr>
</table>

<table>
<tr><td>Päs se
Pass</td><td>reißen</td><td>schmecken</td><td>Späße
Spaß</td></tr>
<tr><td>plötzlich</td><td>ren nen</td><td>Schmutz
schmutzig</td><td>spät</td></tr>
<tr><td>Programm
Program me</td><td>riechen</td><td>Schreck
schrecklich</td><td>Spiegel
spiegeln</td></tr>
<tr><td>Pul lover</td><td>Ru he
ruhig</td><td>schrieb
schreiben</td><td>spitz
Spit ze</td></tr>
<tr><td>Quadrat</td><td>rühren</td><td>schwierig</td><td>Stäm me
Stamm</td></tr>
<tr><td>quaken</td><td>sam meln</td><td>schwimmen
schwamm</td><td>Stärke
stark</td></tr>
<tr><td>quälen
Qual</td><td>Schall
schal len</td><td>schwit zen</td><td>stel len</td></tr>
<tr><td>Quel le</td><td>Schat ten</td><td>See</td><td>stim men</td></tr>
<tr><td>Rätsel
raten</td><td>schieben
schob</td><td>sehen, sieht,
sah</td><td>Stoff
Stof fe</td></tr>
<tr><td>räumen
Raum</td><td>schief</td><td>set zen</td><td>Strand
Strände</td></tr>
<tr><td>Recycling</td><td>schließen
schließlich</td><td>sit zen,
saß</td><td>Straße</td></tr>
<tr><td>Reh
Re he</td><td>Schlüs sel</td><td>Skiz ze
skizzieren</td><td>Sträuße
Strauß</td></tr>
</table>

Stuhl	tref fen, trifft, traf	verlieren	wäscht waschen
süß Süßigkeit	trocken	verpacken Verpackung	wechseln
Tas se	Uhr	verschmut zen Verschmutzung	wiegen
tausend tausende	umkehren	viel	wild wilde
Taxi	ungefähr	vier vierzig	wis sen weiß
Tel ler	Vase	voll vol le vollständig	Zähne Zahn
Text	verbieten	Vorfahrt	Zeugnis zeugen
Theater	verbren nen	Vorsicht vorsichtig	zie hen
Thermometer	Verein	wachsen wuchs	Ziel
tief Tiefe	verges sen, vergisst, vergaß	wählen Wahl	Zoo
Träne	Verkehr	während	zuletzt
träumen Traum	verlet zen Verletzung	Wälder Wald	zurück

Spinne, die
spitz, Spitze, die
Sport, der
Stadt, die
Stamm, der
stark, Stärke, die
Stecker, der
stehen, stand
steigen, stieg
Steuer, das
steuern
Stiel, der
still, Stille, die
stimmen, bestimmt
Stoff, der
Strand, der
Straße, die
Strauß, der
Streit, der
streiten
Strom, der
strömen
Stück, das
Stuhl, der
Sturm, der
stürmisch
Suppe, die
süß
Süßigkeit, die

t/T

Tanne, die
Tasse, die
täuschen
tausend
Taxi, das
Technik, die
Teddy, der
Tee, der
telefonieren
Teller, der
Teppich, der
Termin, der
teuer
Text, der
Theater, das
Thermometer, das
tief, Tiefe, die
Tier, das
Tiger, der
Tintenfisch, der
Träne, die
Traum, der
träumen
treffen, trifft, traf, getroffen
treu, Treue, die
trocken

u/U

über
überqueren
Überraschung
Uhr, die
Uhu, der
umkehren
ungefähr
Unterricht, der
Urlaub, der

v/V

Vase, die
Vater, der
verändern
verbieten, verbot
verbrauchen
verbrennen
verdienen
Verdienst, der
Verein, der
vergessen, vergisst, vergaß
Verkehr, der
verletzen
Verletzung, die
verlieren, verlor
verpacken
Verpackung, die
verschmutzen
Verschmutzung, die
verspäten
Verstand, der
verstehen
verwechseln
Vieh, das
viel
vielleicht
vier, vierzig
Viereck, das
Vitamin, das
Vogel, der
voll, vollständig
vom
von
vor
Vorfahrt, die
vorgestern
Vorname, der
vorsichtig
Vulkan, der

w/W

Waage, die
wachsen, wuchs
Wahl, die
wählen
während
Wald, der
Wand, die
wann
Wanne, die
Wasser, das
wechseln
Wecker, der
Weg, der
Weihnachten
weiß
werden, wird
wichtig
wiegen, wog
wild
wissen, weiß, wusste
wollen, will

z/Z

Zahl, die
zählen
Zahn, der
zehn
zeichnen
Zeitung, die
Zeugnis, das
ziehen, zog
Ziel, das
zielen
Zoo, der
Zug, der
Zukunft, die
zuletzt
zurück
zusammen
Zwiebel, die

a/A

Aal, der
Abend, der
Abenteuer, das
Abfall, der
abnehmen
abtrocknen
Abwasser, das
Advent, der
ähnlich
ändern, anders
Angst, ängstlich
antworten
Arbeit, die
ärgerlich, ärgern
Arzt, Ärztin
aufräumen
aufwecken,
außen

b/B

Baby
backen
Bäcker, der
Bad, das
Bagger, der
Bahn, die
Bär, der
Beere, die
beginnen, begann,
begonnen
Beispiel, das
beißen, biss
belohnen
Benzin, das
beobachten
bequem
Berg, der
Beruf, der
besser
Bett, das
Bibel, die
Biber, der
biegen, bog
Biene, die
Bild, das
bisschen
bitten
Bleistift, der
blicken, Blick, der
blind
Blitz, der
blitzen
Block, der
bloß
blühen
bohren
Boot, das
boxen
Brand, der
brav
brennen, brannte
Brett, das
Brief, der
Brille, die
Brücke, die
Buche, die
Burg, die

c/C

Cent, der
Christ, der
Clown, der
Computer, der

d/D

Dachs
dann
Decke, die
denn
deutlich
deutsch
Deutschland
dick
Dieb, der
dies, diese, dieser
Diskette, die
Donner, der
donnern
Draht, der
draußen
Dreck, der
dreckig
drehen
Druck, der,
drücken
dumm
Dummheit, die
dünn
Durst, der
durstig

e/E

Ecke, die
eckig
Ehepaar, das
ehrlich
Eiche, die
eigentlich
empfinden
empfindlich
Ende, das
endlich
entfernen
entgegen
entwickeln
erklären
erlauben
Erlaubnis, die
erleben
Erlebnis, das
erwarten
Erwartung, die
erzählen
Erzählung, die
essen, isst, aß
Euro, der
Europa

f/F

fahren, fuhr
Fahrrad, das
Fahrzeug, das
fallen, fiel
färben, Farbe, die
fehlen
Fehler, der
fehlerfrei
Ferien, die
fernsehen
Fernseher, der
fertig
fett, Fett, das
Feuer, das
Fichte, die
Fieber, das
Fleiß, der,
fleißig
fliegen, flog
fließen, floss
Floh, der
Flugzeug, das
Fluss, der
flüssig
Flüssigkeit, die
fotografieren
frei
Freiheit, die
fremd
fressen, frisst, fraß
Frieden, der
friedlich
frieren, fror
froh
fröhlich

Fröhlichkeit, die
früh
Frühjahr, das
Frühling, der
Frühstück, das
Fuchs, der
fühlen
führen
Führung, die
Fuß, der
füttern

g/G

ganz, ganze, ganzer
Gebäude, das
geben, gibt, gab
Geburt, die
Geburtstag, der
Gefahr, die
gefährlich
Gefühl, das
geheim
Geheimnis, das
gehen, ging
gelb
Geld, das
Gemeinde, die
Geschäft, das
geschehen, geschieht, geschah
Gesetz, das
gesund
Getränk, das
Gewächs, das
gewinnen, gewann, gewonnen
Gewitter, das
gießen, goss
giftig
glatt
Glätte, die
Glück, das
glücklich
glühen
Gott, der
groß
Gruß, der
grüßen

h/H

Haar, das
halten, hielt
Hand, die
Handy, das
hängen
hart, härter
häufig
heiß
heißen
heizen
Heizung, die
herstellen
Herstellung, die
Herbst, der
heute
Hexe, die
Hitze, die
hoffen
hoffentlich
hohl, Höhe, die
Höhle, die
Hund, der
hundert
Hunger, der
hungrig

i/I

Igel, der
ihm
ihn
ihr, ihre
immer
impfen
Impfung, die
Information, die
informieren

j/J

Jäger, der
Jahr, das
jetzt
Jugend, die
jugendlich
jung

k/K

Käfer, der
Kaffee, der
Käfig, der
Kälte, die
Kamm, der
kämmen
Kanne, die
Käse, der
Kastanie, die
Katze, die
kennen, kannte
Kiefer, der/die
Kilo, das
Kind, das
Kino, das
Kissen, das
klar
Klee, der
klettern
Koffer, der
kommen, kam
Kompass, der
können, kann konnte
Korb, der
kräftig
krähen
kratzen
Kreuz, das
Kreuzung, die
kriechen, kroch
Krieg, der
Krokodil, das
Kuh, die
kühl, kühlen
küssen, Kuss, der

l/L

Land, das
lang, länger
Lärm, der
lassen, ließ
Laub, das
Lehrer, der
Lehrerin, die
leihen
lesen, liest, las
letzte, letzter
leuchten
Lexikon, das
lieb
lieben
Lied, das
Linde, die
links
Löffel, der
Lohn, der

m/M

Mädchen, das
Magnet, der
mähen
Mai, der
Mann, der

Mäppchen, das
Märchen, das
März, der
Maschine, die
Maß, das
Medien, die
Medizin, die
Meer, das
Mehl, das
mehr
messen, misst, maß
Messer, das
Miete, die
Mittag, der
Mitte, die
mixen
Mixer, der
Moos, das
Müll, der
müssen
Mutter, die
Mütze, die

n/N

Nachmittag, der
nah, Nähe, die
Nähe, die
nähen
Naht, die
nass, Nässe, die
Natur, die
natürlich
nehmen, nimmt, nahm
Netz, das
neugierig
niemals
niemand
November, der
Nummer, die
nummerieren
Nuss, die
nützen
nützlich

o/O

Obst, das
Ofen, der
offen
öffnen
Öffner, der
Öffnung, die
oft
ohne
Ohr, das
Opa, der

p/P

paar
Paar, das
Päckchen, das
packen
Paket, das
Papier, das
Pass, der
Pferd, das
Pilz, der
Pizza, die
Platz, der
plötzlich
Programm, das
Pullover, der
Puppe, die
putzen

qu/Qu

Quadrat, das
quaken
Qual, die
quälen

r/R

Rad, das
Radio, das
Rand, der
Rätsel, das
rechts
Recycling, das
Reh, das
reißen, riss
rennen, rannte
richtig
riechen, roch
Ruhe, die
ruhig
rühren

s/S

Sack, der
Säge, die
sammeln
Sammlung, die
Sand, der
Satz, der
schaffen
Schall, der
schalten
Schalter, der
scharf, Schärfe, die
Schatten, der
schieben, schob
schief
Schiff, das
schimpfen
schließen, schloss
schließlich
Schlüssel, der
schmecken
Schmerz
Schmetterling, der
Schmutz, der
schmutzig
Schnee, der
schnell
Schreck, der
schrecklich
schreiben, schrieb
Schüssel, die
schütteln
Schutz, der
schützen
schwarz
schwierig
Schwierigkeit, die
schwimmen, schwamm, geschwommen
schweigen, schwieg
schwitzen
sechs
See, der
sehen, sieht, sah
sehr
seit
Sessel, der
setzen, besetzt
Sieb, das
sieben
sitzen, saß
Skizze, die
skizzieren
Socken, der
Sohn, der
Sommer, der
Sonntag, der
Spaß, der
spät
spazieren
Spaziergang, der
Spiegel, der
spiegeln
spielen